HAZME UNA lista

Abuela

LISTA y LISTO

Querida Abuela, este libro es un regalo MUY ESPECIAL que necesita ser escrito por ti, con todas las cosas que alguna vez me has explicado y otras nuevas que no se sobre tu vida, tu pasado, tus experiencias... Nos ayudará a que todos esos recuerdos queden escritos para siempre de una manera original. El verdadero regalo no es el libro, sino el dejar tu esencia en él.

El formato EN LISTAS hará más fácil la tarea. En cada página hay un enunciado diferente en el que deberías escribir, si alguna te parece complicada, no importa, simplemente déjala en blanco. Al final del libro encontrarás algunas páginas reservadas para mi, las responderé yo, así podremos comparar nuestras respuestas cuando me lo devuelvas completo. ¡Será divertido!

Con todas estas listas, formaremos la historia de tu vida, tus sentimientos, deseos y momentos, que te han convertido en la mejor abuela del mundo para mi.

Espero que disfrutes escribiendo, para convertir así este libro en un valioso legado de tus memorias para mí y para toda nuestra familia.

Tu mejor foto

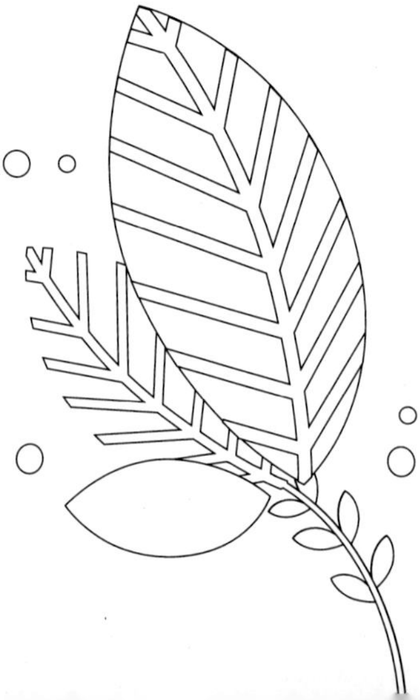

Tus Datos

Tu NOMBRE completo

FECHA y HORA de tu nacimiento

Lugar de nacimiento

Peso y estatura al nacer

Grupo Sanguíneo

Tu Familia

Nombre de tu MADRE

. . . .

Nombre de tu PADRE

. . . .

Nombre de tu ABUELA MATERNA

. . . .

Nombre de tu ABUELA PATERNA

. . . .

Nombre de tu ABUELO MATERNO

. . . .

Nombre de tu ABUELO PATERNO

. . . .

Más Familia

Nombre de tus BISABUELOS MATERNOS

de tu abuela . . . .

. . . .

de tu abuelo . . . .

. . . .

Nombre de tus BISABUELOS PATERNOS

de tu abuela . . . .

. . . .

de tu abuelo . . . .

. . . .

Así eres...

Marca las casillas que más te describen

☐ Buena	Traviesa ☐
☐ Cariñosa	Independiente ☐
☐ Seria	Alegre ☐
☐ Social	Solitaria ☐
☐ Princesita	Guerrera ☐
☐ Activa	Soñadora ☐
☐ Moderna	Clásica ☐
☐ Organizada	Caótica ☐
☐ Ciencias	Letras ☐

Así eres...

Marca las casillas con las que más te identificas

☐ Salado	. . . .	Dulce ☐	
☐ Noche	. . . .	Día ☐	
☐ Verano	. . . .	Invierno ☐	
☐ Otoño	. . . .	Primavera ☐	
☐ Diestra	. . . .	Zurda ☐	
☐ Playa	. . . .	Montaña ☐	
☐ Naranja	. . . .	Limón ☐	
☐ Actuar	. . . .	Observar ☐	
☐ Hablar	. . . .	Escuchar ☐	

Así eres...

Si fueras un animal ¿Qué animal serías?

. . . .

y si fueras un oficio

. . . .

Un país

. . . .

Un coche

. . . .

Un baile

. . . .

Una comida

. . . .

Una fruta

. . . .

Así eres...

Un programa de televisión

. . . .

Un dibujo animado

. . . .

Un zapato

. . . .

Un objeto

. . . .

Un instrumento musical

. . . .

Una parte del cuerpo

. . . .

Una flor

. . . .

"Seguramente dos de las experiencias más satisfactorias de la vida son ser nieto o ser abuelo."

Donald A. Norberg

Tu infancia y juventud

Foto de infacia

Con tus padres

Nombres o apodos con los que te han llamado

Tus juegos y juguetes preferidos

Lista de...

Los primeros recuerdos o las imágenes
más antiguas que guardas en tu mente

Lista de...

Los momentos con tu madre que recuerdas con cariño

Lista de...

Tus peores travesuras

Lista de...

Los animales de compañía que has tenido
y amigos imaginarios

Lista de...

Hechos históricos que marcaron tu infancia

Lista de...

Tus miedos infantiles

Lista de...

Los deseos que tenías de niña

Lista de...

Los sabores y olores de tu infancia
que más vívidamente recuerdas

Lista de...

Colegios a los que fuiste

Profesores que más te influyeron

Lista de...

Excursiones escolares o familiares que recuerdas

Lista de...

Las cosas que te hubiese gustado cambiar
de la educación que recibiste

Lista de...

Las cosas de las que te sientes más orgullosa
de la forma en que fuiste criada

Lista de...

Los momentos de tu infancia a los que te gustaría volver

Lista de...

Tus familiares preferidos o con los que tienes mejores recuerdos

Los momentos más divertidos con hermanos o primos

Los momentos más tiernos con tus abuelos

Lista de...

Direcciones donde has vivido
o has ido de vacaciones regularmente

Lista de...

Mejores amigas en la infancia, adolescencia
y primera juventud

Tus complejos de adolescente

Lista de...

Locuras que has cometido de jovencita

Tus momentos más divertidos con las amigas

Lista de...

Actividades que solías hacer antes de tener pareja

Lista de...

Tus diferentes trabajos u ocupaciones

Lista de...

Los recuerdos laborales más estimulantes

Lista de...

Otros momentos destacables de tu infancia o juventud

"Los abuelos, al igual que los héroes, son tan necesarios para el crecimiento de los niños como las vitaminas."

Joyce Allston

Amor

Lista de...

Pretendientes que rechazaste y el porqué

Lista de...

Novios, enamoramientos o amores platónicos

. . . .

. . . .

. . . .

. . . .

. . . .

. . . .

Las cosas más bonitas que han hecho por ti

. . . .

. . . .

. . . .

. . . .

. . . .

. . . .

. . . .

Lista de...

Cosas que hizo el abuelo para conquistarte

. . . .

. . . .

. . . .

. . . .

. . . .

. . . .

. . . .

Motivos por los que escogiste al abuelo para ser tu pareja

. . . .

. . . .

. . . .

. . . .

. . . .

. . . .

Lista de...

Actividades que solías hacer con el abuelo antes de tener hijos

. . . .

. . . .

. . . .

. . . .

. . . .

. . . .

. . . .

. . . .

. . . .

. . . .

. . . .

. . . .

. . . .

. . . .

Lista de...

Cualidades que crees ha de tener una buena pareja

Lista de...

Los principales consejos para ser feliz en pareja
según tu experiencia

Lista de...

Recuerdos de los primeros momentos como madre

. . . .

. . . .

. . . .

. . . .

. . . .

. . . .

. . . .

Recuerdos de las primeros momentos como abuela

. . . .

. . . .

. . . .

. . . .

. . . .

. . . .

Lista de...

Lo mejor de ser madre

Lista de...

Primeros sentimientos ante la noticia de convertirte en abuela

Lista de...

Lo más bonito de tener nietos

Lista de...

Diferencias entre tú "como madre" y tú "como abuela"

. . . .

. . . .

. . . .

. . . .

. . . .

. . . .

. . . .

. . . .

. . . .

. . . .

. . . .

. . . .

. . . .

. . . .

"Nadie puede hacer más por los niños que lo que hacen los abuelos. Los abuelos espolvorean polvo de estrellas sobre la vida de los niños pequeños."

Alex Haley

Lo que te hace diferente

Lista de...

Alimentos que te sientan mal o te producen intolerancia

. . . .

. . . .

. . . .

. . . .

. . . .

. . . .

Alimentos que no te gustan

. . . .

. . . .

. . . .

. . . .

. . . .

. . . .

. . . .

Lista de...

Platos que más te gusta cocinar

Lista de...

Y de paso,...¿puedes escribirme la receta del primero?

Lista de...

Tus puntos débiles a nivel físico o dolores más comunes

Enfermedades que has pasado

Lista de...

Esas cosas por las que has sido criticada

Lista de...

Países y lugares que has visitado. ¿Cuándo y con quién?

Lista de...

Los mejores libros que has leído

Las películas que más te han marcado

Lista de...

Tus muletillas graciosas y expresiones comunes

Palabras que más repites

Lista de...

Tus temas de conversación favoritos

Lista de...

Los refranes o dichos con los que estás más de acuerdo

Lista de...

Tus sensaciones, olores, colores, sabores y sonidos favoritos

Lista de...

Cosas que nunca has tenido y te gustaría tener

Lista de...

Esas extrañas costumbres o manías que tienes

Lista de...

Cumpleaños que recuerdas de memoria

Números de teléfono que recuerdas de memoria

Lista de...

Esas canciones que sueles cantar

Puedes escribir la letra de alguna de ellas

Lista de...

Cosas que te llevarías a una isla desierta

Lista de...

Los deseos que pedirías si te encontraras con el genio de la lámpara

Lista de...

Maneras en que gastarías el dinero si te tocase la lotería

Lista de...

Destinos a los que viajarías si tuvieras una máquina del tiempo

Lista de...

Cosas locas que alguien debería inventar

Inventos que harías desaparecer

Lista de...

Super poderes que te gustaría tener

. . . .

. . . .

. . . .

. . . .

. . . .

. . . .

¿Para qué los usarías?

. . . .

. . . .

. . . .

. . . .

. . . .

. . . .

. . . .

Lista de...

Cosas que salvarías de tu casa si estuviera en llamas

Lista de...

Cosas que harías si pudieras ser invisible

Lista de...

Esas cosas que nunca, bajo ningún concepto, harías por dinero

Lista de...

Famosos vivos o muertos con los que te gustaría tomar un café

. . . .

. . . .

. . . .

. . . .

. . . .

. . . .

Preguntas que les harías

. . . .

. . . .

. . . .

. . . .

. . . .

. . . .

. . . .

Lista de...

En los malos momentos,
esas pequeñas cosas o razones por las que vale la pena vivir

Lista de...

Cosas que crees te hacen única

"Los nietos son la maravillosa compensación que Dios nos da por ser viejos."

Mary H. Waldrip

Creencias y Sentimientos

Lista de...

Tus peores pérdidas o los momentos más tristes de tu vida

Lista de...

Los momentos en los que has pasado más miedo de tu vida

Lista de...

Las mentiras más grandes que has dicho
(aunque sean piadosas)

Lista de...

Los momentos más vergonzosos

Lista de...

Cosas que te hacen llorar

Lista de...

Esas cosas que te dan tanta rabia

Lista de...

Las experiencias más increíbles o raras que has vivido

. . . .

. . . .

. . . .

. . . .

. . . .

. . . .

. . . .

. . . .

. . . .

. . . .

. . . .

. . . .

. . . .

. . . .

Lista de...

Características que no soportas de los demás

Características que más admiras en una persona

Lista de...

Tus peores preocupaciones o las más recurrentes

Lista de...

Las decisiones más duras e importantes de tu vida

Lista de...

Las cosas más importantes que has aprendido

Lista de...

Tus mejores logros
(cosas que te costó conseguir pero que con esfuerzo lograste)

. . . .

. . . .

. . . .

. . . .

. . . .

. . . .

. . . .

. . . .

. . . .

. . . .

. . . .

. . . .

. . . .

. . . .

Lista de...

Cosas de ti misma en las que has mejorado mucho

Lista de...

Los golpes de suerte más importantes

Lista de...

Las personas que más te han influido

Lista de...

Cosas que te hacen reír sin parar

Lista de...

Cosas que te relajan

Lista de...

Los momentos más divertidos de tu vida

Lista de...

Los momentos más felices de tu vida

Lista de...

Motivos por los que estás agradecida

Lista de...

Cosas nuevas que te gustaría aprender

Lista de...

Cosas que haces a diario que no te gustan

Lista de...

Cosas que haces normalmente y que te encanta hacer

Lista de...

Cosas que harías en tu día perfecto

Lista de...

Actividades que nunca has hecho por miedo

Lista de...

Cosas que siempre has querido cambiar de ti misma

. . . .

. . . .

. . . .

. . . .

. . . .

. . . .

. . . .

. . . .

. . . .

. . . .

. . . .

. . . .

. . . .

. . . .

Lista de...

Características que más te gustan de ti misma

Lista de...

Adjetivos con los que suelen definirte tus familiares, amigos y conocidos

Lista de...

Mejores consejos que te han dado nunca

Lista de...

Cosas por las que te gustaría ser recordada

Lista de...

Cosas en las que nos parecemos

Lista de...

Los mejores recuerdos con tu padre

Lista de...

Los mejores recuerdos con tu abuela

Lista de...

Los mejores recuerdos con tu abuelo

Lista de...

Cosas que te arrepientes de no haber preguntado a tu abuela

Lista de...

Los momentos más felices conmigo

Lista de...

Motivos por los que me admiras

Lista de...

Cosas que crees que me falta por aprender

Lista de...

Cosas que crees que te puedo enseñar

Lista de...

Cosas que podría hacer por ti y que te harían más feliz

Lista de...

Cosas que te gustaría mejorar de nuestra relación

Lista de...

Cosas que deseas para mi

Lista de...

Cosas que te gustaría decirme y nunca me has dicho

Hasta aquí tu parte.

Espero que hayas disfrutado recordando. Ahora me toca a mi escribir sobre ti y sobre nuestra relación para finalizar este regalo tan especial.

Puedes pegar alguna de nuestras mejores fotos aquí.

Gracias Abuela

estra mejor foto

"Llegar a ser un abuelo es disfrutar de uno de los pocos placeres de la vida para el que ya se han pagado las consecuencias..."

Robert Brault

Yo

LISTA DE...

Cosas en las que nos parecemos

. . . .

. . . .

. . . .

. . . .

. . . .

. . . .

. . . .

. . . .

. . . .

. . . .

. . . .

. . . .

. . . .

. . . .

LISTA DE...

Cosas en las que NO nos parecemos

LISTA DE...

Mis primeros recuerdos contigo

Los momentos más felices contigo

Lista de...

Motivos por los que te admiro

Cosas que creo te puedo enseñar

LISTA DE...

Cosas que me gustaría aprender de ti

. . . .

. . . .

. . . .

. . . .

. . . .

. . . .

. . . .

. . . .

. . . .

. . . .

. . . .

. . . .

. . . .

. . . .

Lista de...

Preguntas que nunca te he hecho y que me gustaría hacerte

LISTA DE...

Cosas que podría hacer por ti y que te harían más feliz

LISTA DE...

Cosas que deseo para ti

LISTA DE...

y por último decirte que...

LISTA y LISTO

Este libro es una creación de
Listaylisto Ediciones

Hazme una lista Abuela
ISBN 978-1545096543

Marzo 2017
www.listaylisto.es
hola@listaylisto.es

Made in United States
North Haven, CT
10 March 2022

16975385R00085